Lebenslauf

Matthias Freytag

Lebenslauf

– Gedichte –

Bibliografische Information der Deutschen Nationalbibliothek:
Die Deutsche Nationalbibliothek verzeichnet diese Publikation
in der Deutschen Nationalbibliografie; detaillierte bibliografische
Daten sind im Internet über http://dnb.dnb.de abrufbar.

© 2018 Matthias Freytag
Satz, Umschlaggestaltung, Herstellung und Verlag:
BoD - Books on Demand

ISBN: 978-3-7528-4387-3

Inhalt

Geburtstagsständchen

Durch die Wohnung tönt die Uhr,
Wieder füllt sich eine Stunde,
Zeiger schreiben ihre Spur
Weiter durch die neue Runde.

Und erneut ein volles Jahr
Künden meine Zeiger morgen.
Dinge, die ihr Lauf gebar ...
Und, was in ihm noch verborgen ...?

Wandern durch den Lebens-Raum,
Tür, durch die man ihn betreten –
Vorher ...? Dann, am andern Saum ...?
Was zieht an den Schicksalsfäden?

Weg, der immer weiterführt,
Oft in richtungsloser Windung,
Immerzu gekreuzt, berührt,
Netzwerk seltsamer Verbindung:

Weg-Begegnung ... schon vorbei –
Andre, die zusammenmünden,
Meist nicht lang, manchmal als sei
Tiefstes Gleichnis zu ergründen.

Und zuweilen fühlt man auch
Fernste Weiten sich verweben,
Prägen Zeichen, fein wie Rauch
Scheinbar nur, sich fest ins Leben.

Schlaf und Erwachen

Wie ist das seltsam:
Aufstehn und schlafen und aufstehn ...
Und daß man es einmal nicht mehr tut.
Kein Wachsein, kein Schlafen mehr,
In diesem Leben –
Ein andres vielleicht?
Wir wissen nichts.

Verlöschen des Ichs im All. Als andres Wesen
Ein neues Dasein in alter Welt.
Als körperlose, doch einzelne Seele
Hinüber in ein Jenseitsleben;
Und irgend berührt noch von dem was war ...?
Ist alles gleich unfaßbar:
Das Ende dessen was wir sind
In all den gewohnten Tagen und Jahren.

Wir wissen nichts. So viel wir glauben,
So viele Karten und Bilder auch,
Von jenem Land,
Das allem was uns Land heißt
Vielleicht unsagbar fremd ist.
Die Grenze zum Unbekannten.
Wir treten über sie in das Leben,
Und treten über sie hinaus,
Und tun dazwischen meist so
Als wäre nur hier die Wirklichkeit ...

Wie klein sie ist.
Zu einer Lebenszeit die Zeiten
Die vor und die nach ihr liegen.
Die früheren: menschen*los*
Der größte Teil – und wie die spätren ...?

Wir schlafen, stehen auf und schlafen ...
Wie sind sie seltsam
Die Tage unserer langen kurzen Jahre.
Im Wachsein die drängenden Geschäfte,
Die Wiederkehr des Schlafes dann.
Und daß wir uns immer aus ihm erheben,
Aus ihm ...

Annoncenglück

I

Inserentin

Welche Antwort finden meine Worte:
»Sie sucht Ihn ...« – die klar und einfach klingen?
Wer bedenkt der vielen Fragen Schlingen,
Die sie knüpfen? Wer die dunklen Orte,

Wo Dämonenspuk, wo Raub und Morde
Lauern könnten ...? Wer weiß durchzudringen,
Ohne blinden Drang und vor Mißlingen
Ohne Furcht doch, zur geheimen Pforte,

Hinter welcher wartet (und ich ahne
Selbst kaum, wie es sein mag), was ich suche:
Wer zu *meinem* Schlüssel hat den *zweiten*

Für den Schatz – und weiß die Kostbarkeiten
So mit mir zu bergen, daß zum Fluche
Niemals uns erwachse das Getane ...?

II

Antwort auf ein Inserat

Las ich: Einen Romeo sucht Julia,
Der für ihn ihr Herz wie seins für sie entflammt.
Las und fragte träumerisch mich, ob dies Amt
Du wohl mir gewähren möchtest ... – Aber da

Trat die Wahrheit, der das Liebespaar entstammt,
Klagend vor mich hin und zeigte, was geschah:
Kaum noch als die Herzen sich einander nah,
War ihr Lieben sie zu töten schon verdammt.

Auch uns beiden wär solch Unheil zugedacht:
Wehes Glück nur, das im Morgenrot entflieht,
Nach der ersten und schon letzten Liebesnacht. –

Lieber denk ich an das Paar im Hohen Lied:
Schön kommst du, Geliebte, wie des Morgens Pracht ...
Lieber sag ich: Salomo sucht Sulamith.

Hebe

Das Café mit weißen Tischen,
Vor dem Platz und von Arkaden
Überschwungen – Du dazwischen,
Gast um Gast tablettbeladen.

Gehst Erfrischung bringend immer
Her und hin ... Ich kann bestellen
Was ich will: nur immer schlimmer
Wird mein Durst von deinen Quellen.

Wehn der blonden Haare, Wippen
Deiner Brüste, Frühlingsseide
Deiner Haut und deiner Lippen
Lächeln – Sehnen das ich leide:

Wärmestoß im Solar-Plexus,
Seh ich dich, so weich im Magen
Zieht der Liebreiz deines Sexus',
O zu wohligem Versagen

Fließen die Kausal-Kalküle
Tief ins Wiegen deiner Schritte ...
Gang der Beine hin zum Pfühle
Heller Nacht in deiner Mitte.

Wechselgesang

»Schau den Himmel voller Sterne,
Grüßt in klaren Nächten uns das All,
Und der Sommernächte Sternenfall,
Unsrer tiefsten Wünsche Samenkerne.« –

»Ach, was fällt, es sind nur subalterne
Klumpen – tödlich träfe *Sternen*fall.
Wir, in klaren Nächten, sehn ins All:
Wer sieht *uns* in dieser kalten Ferne?

Du bist nah, dich fand ich. Augensterne,
Die ich schaue Tag und Nacht, und gerne
Fühl ich, tief ins Herz mir, *ihren* Fall.« –

»Wunsch und Hoffnung blühn, wie Nacht und Sterne
Leuchten Zeichen bis in weite Ferne ...
Das sind *wir*, uns grüßt in uns das All.«

Solo für zwei Liebende

Wo ging ich ohne deinen Weg?
Wie weglos war mein altes Land,
Wo ich von tausend Zielen
Gefangen war – bis all die vielen
Der Ruf, der mich zu dir befreite, an dich band.

Wie kam ich ohne deinen Steg
Durchs Schluchtwerk meines Herzgesteins?
Sah dort aus dunklen Gründen
So schmal den Himmel – und nun münden
In deinem Garten er und wo ich geh in eins.

Die ganze Welt ward mir dein Weg,
Und er führt in die ganze Welt.
In deines Herzens Mitte,
Die meine ist, gehn alle Schritte,
Und keine Schluchten fürcht ich, wo dein Steg mich hält.

Störung

Stimmen Stimmen schwirren
Durchs Lokal, verschwimmen
Dumpf als Brummen, klirren
Spitz und schrill,
O Stimmgeschwirr, dies Rauschen Summen –

Still.
Deiner Stimme will
Weit weit offen ich jetzt lauschen,
Nicht den Worten, was sie sagen:
Immerfort will sich's vertauschen,
Nicht zu halten, die Gestalten
All der Worte schwinden hin –
Aber über ihrem kurzen Sinn
Schwebt in wandelloser Schöne
Tiefstempfundner Harmonie
Melodie und Tanz der Töne,
Zaubert Klang-Magie,
Und ganz weit geöffnet will
Widerklingend ich ihr lauschen,
Deiner Stimme –

Doch schon wieder schrill
Stößt ins Ohr mit spitzen Zungen
Stimmgewirr des Raums, o Rauschen
Summen Brummen stürzt durchs Tor
Meines Hörens, und verschlungen
Von der Flut verlier ich sie ...

Meiner schlechten Liebe

Wer warst du denn – und bist es noch immer –,
Als es begann – und nun da's vergehn muß?
Vergehen ... wohin nur, wo ist denn noch
Ein Ort, wenn nicht bei dir, um zu wohnen?

Bei dir? Dein Haus, das, sehnsuchtsumlagert,
Mich niemals einließ. Aber so dunkel
War's draußen, da schienen so licht und warm
Die roten Schimmer aus seinen Fenstern.

Und auch dein Schatten – regte umher sich
Doch nichts – und er, dort hinter den Scheiben,
Schien freundlich zu winken. Ich sah's und blieb.
Sah was? Ein Huschen, ein Lichtergeflimmer

In meiner Nacht; dein Schatten der umging,
Aus Nacht auch er, mit nächtigen Lampen
Ins Dunkel geworfen – von wem? Doch nun
Ist keine Zeit mehr, Morgen muß werden.

Die Schwärze bleicht; noch lange nicht Sonne,
Nur Nebel steigen. Doch es verblassen
Die Scheiben, dein Schatten vergeht. – Und du?
Wer warst du denn, dort drinnen? Wer ... *bist* du ...?

Wüstenwanderung

Oase, die du warst – wenn ich dich küßte,
Warst nicht mir Quelle klaren Wassers – Rum,
Gin, Wodka: *da*nach, nach Narkotikum,
Nach Lotos-Lethe-Rausch, nach blinder Lüste

Methyl-Destille trieb an deine Brüste
Ein Siechen-Durst mich, und, von Krämpfen krumm,
Dich trinkend war ich fern Elysium
Und Kamasutra-Glück, ach nie der Myste

Der Einigung und nie der Lernende,
Der ihr sich nähert. War, wenn ich dir nahte,
Von mir, von dir der sich Entfernende.

Und du warst wieder, warf die kurze Flut
Zurück mich an der Wüste Sand-Gestade,
Das Durstbild meiner leeren Himmel Glut.

Herz der Wünsche

Herz, was liegst du immer offen
Unterm Hagel all der Pfeile,
Hoffend, daß du oft getroffen
Werdest und dir nichts verheile ...?

Herz, was machte deine Kammer
Solcher Wünsche überquellen,
Daß du schlagend wie ein Hammer
Auch zersprengst noch heile Stellen ...?

Herz, was drängt dich so nach Wunden,
Daß du wütend brichst die Kruste
Mühsam erst geschlossner Schrunden?
Sag, wozu die Blutverluste ...?

Glaubst du, Herz, je mehr die Dämme
Brechen, die das Blut umschließen,
Werde, was es überschwemme,
Um so mehr vor Leben sprießen ...?

Bist du herzlos, Herz, und ohne
Fühlen, daß des Lebens innen
Nicht mehr sicher ich dann wohne,
Läßt du so mein Blut verrinnen ...?

Weißt du nicht, wie leer im Herzen,
Herz, dir wird, muß ich verbluten;
Wie die Leere dich mit Schwärzen
Füllen wird und überfluten ...?

Drei Solo-Stücke

I

Ein Lokal im Bahnhof, triste Stätte,
Saal voll Tischen, jeder einzeln nur belegt.
Und wie wenn man sie versteinert hätte,
Sitzen alle starren Blicks und unbewegt.

Kellner eilen, fragen, so als wäre
Es gewichtig, was man möchte, bitte sehr,
Vor der Abfahrt – und schaun auch ins Leere,
Ohne Antwort gehn sie weiter dann umher.

Manchmal aber will ein Gast bezahlen:
Schaut auf seine Uhr und hebt die Hand und winkt,
Weil die Zeiger ihm zu gehn befalen,
Und ein Kellner blickt nun her und nickt und springt.

Schnell hinaus dann wird der Gast geleitet,
Durch den Eingang tritt sofort ein neuer ein,
Setzt sich an den Platz, der ihm bereitet,
Und sitzt da, wie alle, starr und stumm, allein.

II

Begegnungen der Jahre, welche bleiben
Gestaltbehaltend durch ihr Seins-Gewicht?,
Und bauen Dämme dem Vorübertreiben
Im Zeitenstrom, dem dauernden Verzicht ...

Begegnungen: wenn wo sich zwei erreichen,
Sind in der Nähe noch sie schon verweht –
Und weiter nichts bleibt als ein Schattenzeichen,
Das schwankend als Erinnerung besteht ...

Begegnungen – wie fern, die Zeichen blassen,
So viele schwinden schließlich ganz aus uns.
Und wie von Kindern, die alleingelassen,
Verhallt das Rufen unsres wunden Munds ...

III

Zeitsand

So viel Tage sind im Sand verschwunden,
Grabe, grabe – findest keinen mehr.
Suchst vergeblich nach auch kleinsten Funden:
Wo sie lebten einstmals gähnt es leer.

Und die Tage, die als Rest verblieben,
Dauert, was man ihnen anvertraut?
Alles trauert, selbst das tiefste Lieben:
Was noch steht, ist auch auf Sand gebaut.

Nebelleben

Ist nichts zu sehn und viel zu viel,
Weiß nichts der Blick zu halten,
Es nahn sich seltsame Gestalten
Und sind wie Rauch schon fortgerissen.
Und wo in blindem Spiel
Der Fuß sich tastet, taucht ins Leere
Woher er kam die Spur.
Auch das Wohin?: Ein Schemen nur,
Und sehnlich sucht im Ungewissen
Der Blick ein Ziel – doch unerkannt
Versinkts im tiefen Nirgendsland
Der grauen Nebelsphäre.

Ertönen Laute, dumpf und leis,
Vergeblich alles Lauschen,
Die Richtung scheint sich zu vertauschen,
Und was es sei, ist nicht zu sagen –
Vielleicht ist's eines *Schreis*
Verhallen – doch vielleicht auch wäre
Das Glück zu finden dort:
Statt Schrei wär's ein Erlösungswort,
Nur *jetzt* verzerrt; statt Wut, statt Klagen
Wär's froher Sang – doch unerkannt
Verklingt's auch schon im Nirgendsland
Der grauen Nebelsphäre.

Die Luft so trüb, zum Greifen dicht –
Doch selbst das schärfste Eisen
Könnt ihren Schleier nicht zerreißen:
Ist nichts – und legt sich auf die Sinne
Doch wie ein Bleigewicht,
Füllt auch den Atem an mit Schwere.
Und immer wieder stößt,
Wo nichts war, Hartes – doch es löst,
Versucht die Hand, daß sie's gewinne,
Sich neu zu nichts – und unerkannt
Versinkt es nur im Nirgendsland
Der grauen Nebelsphäre.

Steigerung des Schrecklichen

Tritt auch des Lebens Form als Ungestalt
Heran, kommt gar als Ungeheuer,
Welch Fratze sie auch zeigt – aus neuer
Verzerrung formt sich immer neu auch Halt.

Was lebensfeindlich wirkt, ist wie Asphalt,
Der Bahn den Leiden schafft. Doch bietet
Sich dort auch Stand; und grün umfriedet
Die Hoffnung, alles ändere sich bald.

Was *da* ist – mag auch ein Versöhnen
Mit ihm unmöglich sein – am Ende kann
Man doch sich immer dran gewöhnen.

Dem Todesgrauen aber gleicht der Bann,
Sehn wir als den *Verrat am Schönen*
Solch Unform: Schrecklich blickt, was *fehlt*, uns an.

Schmerz

Dich, Schmerz, suche ich nicht. Doch du besuchst
Immer treu mich aufs neue. Du bist da
Wenn ich's nicht will, und pocht an das Herz mir
Eine Freude wie's scheint – trittst du herein.

Dir entgehe ich nicht, auf jedem Weg
Kommst du, wenn es dir gut dünkt. Sag, wie soll
Ich dir begegnen?; soll ich dich grüßen
Als willkommen und sagen: Sei mein Gast,

Mein Haus achte für deins? Doch bliebe es
Meines immer ja noch, als fremden Teil
Fühlt ich dich auch als Gast noch im Innern,
Nur gezwungen zum Gruß; als Eindringling

Ständest du dann zuletzt vor mir. Und mich
Trieb's zu kämpfen – ganz umsonst, nur mehr
Häuften sich dadurch deine Gewinne;
Denn du lebst ja von dem was dir sich wehrt.

Also doch sich verschließen, Festung sein,
Unberührbar das Herz – und nicht nur ihm,
Ihm der ein jedes Lachen belauert,
Schnell, nach innen nach außen, auch den Scherz

Umzukehren für sich; und die Bastion
Eigner Fühllosigkeit macht er dann leicht
Andren zur Last, solang sie ihm standhält.
Doch durch jegliche Mauer ziehn sich auch

Risse immer und durch sie rieselt Angst,
Einmal komme er doch ... – So hilft auch das
Nichts gegen dich. Und ich sollt' am Ende
Doch dich suchen und Bruder nennen, Freund,

Eingeboren in mir?, wie in dem Schein
Heller Sonne, der Brot und Wein uns schenkt,
Dürre und Tod auch drohen; und Leiden
Sei wie Lachen: sei Lieben da man lebt ...?

Les jeux sont faits

Geht nichts mehr zu setzen,
Vergebliche Müh
Der Griff nach den Schätzen –
Trop long attendu.

Umsonst die Gerüste:
Zerbröckelt der Bau,
Chimären-Gelüste –
Zu spät wird man schlau.

Die Show ist finito,
Statt Beifall Gebuh,
Il treno partito,
Was wartest du? –

Das Jubeln und Klagen
Sind doch nur zwei
Antropophagen
Und immer dabei,

Dich zu verschlingen
Solang du dich sehnst,
In anderen Dingen
Noch Besseres wähnst.

Ach laß sie doch wüten.
Spiel lieber Boul
In Frankreichs Süden,
Sei ferne und cool.

Geh nach Italien,
Siesta nel bar,
Gemütsrepressalien?,
Ersäuf sie nel mar'.

Noch ferner: sei Tropen,
Samoische See,
Und lächelnd laß toben,
Was Glück hier und Weh.

Bleibt eh nichts zu dealen,
Rien ne va plus.
Wer mit will muß spielen –
Trop long attendu.

Wunsch und Erfüllung

Immer kamst du doch anders, mein Wunsch. Und
Immer noch wartete ich, als kämst du
Wie ich's erträumt. Und wenn du dann dawarst
Kannt ich, in der andern Gestalt, dich nicht.

Bist du's, *so* sehr verwandelt, noch immer ...?
Wie denn? Wohin ich auch sah, nur Fremdes
Wies mir dort Wege, fort von den Zielen
Einst am Anfang. Aber ich folgte nicht ...

Wem nur? Immer dem andern. Und hoffte –
Nie ja – Verlornes an neuen Orten
Wiederzufinden. Keinmal noch fand ich
So, bis heute, was mir geträumt. Was tun?

Was denn such ich?: Auch wenn sich was fände,
Blieb' es für immer doch nicht. Nach kurzem
Trieben sogar auch *da*raus die Flügel
Neuer Wünsche, was man nicht fand nun doch

Einmal endlich zu finden ... Was ist es?
Immer ein andres ... Und wär nicht darum
Immer nur eins, und in den Gestalten
Stünde, in Kostümen, der Wunsch erfüllt?

Wozu Wünsche dann? Wunschlos: nur leben,
Alles wär einfach. Doch *die* Betonung,
Wie Gewohnheit der Tage sie fordert,
Läßt, was immer nachkommt auch, stark den Wunsch.

Dort ihn meistern ...? Es kommt wie es gehn muß.
Auf steigt die Sonne und ab, doch immer
Steht sie am Ort; und Erde ist immer,
Schaut auch fremd und dunkel ein Teil, im Licht.

Jahreswechsel

Da kommt es durch die Nacht geglitten,
So nah schon, aber unsichtbar.
Macht ein Geräusch, wie das von Tritten,
Welch Wesen sich mir nähert, klar?

So nah schon weiß ich's, und muß lauschen
Nach einem Laut, der deutbar wär.
Und hör nur ungenau ein Rauschen,
Wie Vogelzug und Wind und Meer.

Wie Vogelzug – der mich gen Süden,
Ins Helle, heimführt? Oder treibt
Ein schwarzer Schwarm heran, zu wüten
In letzter Saat, die noch mir bleibt?

Wie Wind – wird mir in Schneesturms Tosen
Die letzte Wohnstatt eingedrückt?
Läßt mir ein Föhnwind wieder Rosen
Erblühn, auch wenn, was morsch, er knickt?

Wie Meer – wo Wellengang und Brandung
Das leckgewordne Schiff zerbricht?
Wie Meer – das frische Fahrt und Landung
An neuem Kontinent verspricht?

Da kommt es durch die Nacht geglitten.
Und nur ein Drache kann es sein.
Vielleicht kommt auf ihm Glück geritten.
Vielleicht reißt er mich kurz und klein.

Morgenlied für ein Kind

Noch tragen die eigenen Beine kaum
Den Körper, bedürfen noch fremder Kraft,
Vom Boden aufgerichtet ihn aufrecht
Zu halten, mit frei erhobenem Kopf.

Noch wohnen die Kräfte, zu gehen, nicht
In ihnen und lassen noch nicht, des Ziels
Gewiß, den Raum durcheilen; mit Händen
Und Füßen bringt erst ein Kriechen voran.

Noch langen die Hände nach Nächstem nur
Und zeigen sich wenig geschickt, mit Kraft
Die Dinge zu ergreifen – und wissen
Zugleich auch noch kaum der Zärtlichkeit Brauch.

Doch greifen in dieser Begrenzung Sein
Die Hände am weitesten aus und sind
Erfüllt von höchster Kraft und durchdrungen
Von zärtlichster Fühlung, geben dem neu

Sich schaffenden Leben Gestalt. Und nie
Auch wandern die Füße je weiter als
Durch diese Zeit und niemals geschwinder
Und nie so gewiß des Zieles, das rings

Der wachsende Welt-Raum. Und höher trägt
Nie mehr dann der Körper das Haupt als wenn
So klein, im Morgendämmer des Geistes,
Er vordringt ins Unbekannte der Welt.

Dem teilhaft zu bleiben in spätrer Zeit,
Da Glieder und Sinne schon lang gewohnt
Des Dienstes und erfahren – den Aufgang
Des Lebens auch dann zu fühlen: wie schwer ...

Kinderporträt

Wer schaut mich an aus diesem Bild? Bin's ich?
Nicht wurd ich feist und fett und nicht durchpflügen
Die Falten mich, daß fremd ich diesen Zügen;
Noch trag ich, ob die Zeit auch längst verstrich,

Das Kind mit mir. Ich bin's – was wundert mich?
Die Augen sind es, die im Schatten liegen –
So klar und zugewandt – und die von Siegen,
Dem Lebensengel abgewonnen, sich

Solch hellen Glanzes zeigen, ohne Zagen
Die neue Welt erschauend, jetzt und hier.
Und schwebt um sie von spätren Niederlagen

Schon leis ein Ahnen – dann, wenn ich verlier,
Dem trauen sie: wird mich der Engel tragen.
Ihn sehn die Augen ... Damals war ich vier.

Glücksrad

Mißtraue allen
Verführungen zum Glück:
Du zeigst dran Gefallen,
Schon zieht sich's zurück.

So schmeichelnd rührt dich
Ein Anblick, ein Wort:
Im Glücksgefühl führt dich
Schon Absturz mit fort.

Betrauert Sehnen
In dir den Verlust,
Winkt Gruß dir von denen
Die's längst schon gewußt.

Indessen rührt dich
Ein Wort oder Blick:
Und neu schon verführt dich
Der Anklang von Glück.

Mißtraue *allen*
Verführungen – du weißt.
Und hoffst: daß statt Fallen
Dir's Flug nun verheißt.

Homo sapiens

I

Wieder fand er fremd sich vor, als stünde
Er sich gegenüber – sah beginnen
Sich ein Tun und war mit scharfen Sinnen
Sich bewußt all seiner schiefen Gründe;

Daß es trügerisch und niemals münde
In den Weg des Glücks; daß *hier* gewinnen
Gar Verlust bedeute; sah umspinnen
Mehr und mehr ihn dieses Netz – und Sünde

Wurde die Erkenntnis: Denn dem Schlechten
Wehrt' er nicht; von bösem Blick beschworen,
Stand er starr mit all seiner Vernunft.

Auch wird dies Geständnis kaum erfechten
Spätren Sieg: so oft wie er verloren,
Trotz des Wissens um die Wiederkunft.

II

Die Sumpfgelände – o so oft: Warum nur,
Wenn ich das Sinken spür schon unterm Fuß,
Geh doch ich weiter, weiß, was kommt, und tu's
Voll Drang – der lang schon in mir um und um fuhr.

Warum gelangt, geh ich auch noch so krumm, zur
Vermoorten Stelle, wie von Schmu und Schmus
Genasführt, wie ein Kind von süßem Mus
Verlockt wird, gradewegs mein Gang: Wie stumm nur

Weiß ich das Wissen, wo das alles endet:
Schon frühen Warnruf fängt ein Vakuum:
Seh aufgerissnen Mund, der ihn entsendet:

Und höre nichts und kümmre mich nicht drum ... –
Erst wenn ich mittendrin im Sumpf bin, wendet
Der Drang – und jetzt voll Schreck und Schrei – sich um.

Lob der Oberfläche

I

Der Glanz des Meeres lockt hinauszufahren
Nach Wunderländern ferner Himmelsstriche.
Doch hörte er, daß wahrhaft wunderliche
Gebilde seine Tiefen erst bewahren.

Dort leben, in lichtlosem Dunkel, Scharen
Von Wesen, welchen selber Leuchtkraft eigen.
Und größre Pracht, als sie Juwelen zeigen,
Wird dem, der nachts sie fischt, sich offenbaren.

Weit sank sein Netz hinab und weiter immer.
Nun zieht er's ein, so schwer – und aus dem Schoß
Der Tiefe steigt es auf wie Sternenschimmer.

Doch steigt, noch schwärzer als das Meer und g r o ß ,
Nicht auch ein Schatten hinter dem Geflimmer?
Und seine Hand verkrampft – und läßt nicht los ...

II

Mein Heim ist mir so lang schon Aufenthalt,
Daß ich von keiner andern Wohnung weiß
Und halb nur wär, mißt' ich auch nur Details
Der äußern wie der inneren Gestalt.

Bei manchen meiner Schritte aber hallt
Von unten es, als deckte dünnste Haut
Grundlosen Abgrund – und ganz unvertraut
Droht Einsturz dessen, was so traut mir galt.

Dann halt ich mir die Ohren zu und flieh,
Mein Eigensein zu wahren, schnell *und* sacht
Und sag, um nichts zu locken, auch *kein* Wort.

Mag anderer erproben, wie zum Sport,
Im umgekehrten Tun die eigne Macht:
Ich wehrte gern sogar der Phantasie.

III

Such nicht nach dunklen Winkeln, geh an ihnen
Vorbei. Entdeckst du einen einmal erst,
Kann's leicht, auch wenn du dir's zuerst verwehrst,
Geschehn, daß wie zu Stollen alter Minen,

Die, aufgelassen, längst verschüttet schienen,
Bis sie ein Wandrer fand, du wiederkehrst,
Um zu erkunden – und erkundend mehrst
Die Gänge, die dem Drang ins Dunkel dienen,

Dich immer mehr entführen und wie Schlangen
Um deine Sinne, die der blinde Drang
Wie giftgetränkter Zahn durchdringt, sich winden.

Such nicht. Doch hüt' dich auch, daß nicht von hinten
Aus ihnen warnungslos, für leichten Fang,
Ein Raubtier springt, ans Herz dir zu gelangen.

Begegnung

Der Katze Schlaf. Still.
Auf einmal hebt sie den Kopf:
Wir schauen uns an ...

Total normal

Das Geschäft ist irrsinnig, sagte er,
Schnell geworden.
Wir müssen, sagte er,
Laufend neue Ware bringen.
Bloß nicht innehalten, sagte er,
Nur auf diesem Wege, sagte er,
Regen wir die Menschen an
Zum ewigen Konsum.

Menschen sind Kunden, sagte er,
Und die Menschen müssen, sagte er,
Immer glauben – Doppelpunkt!
Krieg ich diese Ware *jetzt* nicht,
Krieg ich sie auch nicht nächste Woche;
Krieg ich sie nächste Woche nicht,
Krieg ich niemals diese Ware;
Krieg ich sie aber nie
Ist alles sinnlos.

Das alltäglich zu vollziehn, sagte er,
Ist irrsinnig, sagte er,
Schwierig und, sagte er,
Wird es immer mehr.

(Aufgrund eines Zeitungsberichtes über
eine Firma; zum Teil wörtliche
Äußerungen des Firmenleiters.)

Geheimnis des Erfolges

Woher sind wir gekommen; und wohin
Führt unser Weg, wenn hier wir nicht mehr sind;
Warum ist Welt, und wir: wo liegt der Sinn
Flüchtigen Lebens; oder läuft es blind
Und ziellos bloß – – ja weiß man's denn
Immer und immer noch nicht? Mein Gott,
Da muß sich doch endlich
Klarheit schaffen lassen, wir leben doch
Im Informationszeitalter,
Mit einem Datenbestand wie nie zuvor.

Forschung, Berichte, Gespräche, Gespräche,
Überall und über alles, die Welt
Ein Multi-Media-Wissens-Medium,
Das keine Beschränkung kennt – mein Gott,
Da muß doch die Wahrheit irgendwo
Aufzutreiben sein, muß irgendwer
Die Antwort liefern können, wir leben doch
Im Zeitalter der Dienstleistung;
Und Probleme sind zum Lösen da – also
Muß doch auch das machbar sein.

Andererseits – mein Gott,
Was liegt denn daran.
Leben braucht Management, und *solche* Fragen
Sind aus der Steinzeit her, so gar nicht
Politisch-ökonomisch relevant,
Sind innovationslos kontraproduktiv ...
Cancel it. Nur immer schön fortbildsam,
Aktiv, dynamisch, flexibel, mobil:
Und diese Welt und was in Schwung sie hält
Ist in unserer Hand: wir machen das Spiel.

Leben ist ...

Kennen Sie den ...?,
Fragte er – das heißt,
Eigentlich fragte er:
Haben Sie schon gehört?
Und fuhr ja auch fort:
... ist aus dem Fenster gesprungen ...

Seine Stimme aber,
Voll Mitteilungslust, klang
Als ob man verstünde:
Kennen Sie den ...?
Und dann: der neueste Witz.

Ja, warum auch nicht.
Humor ist bekanntlich – –
Und ohne:
Tränen über Tränen.

Unter Menschen

Auf einmal tönt ein Lachen,
Ganz normales Lachen –
Daß es einem graust:
Als berge dieser Rachen
Eine Brut von Drachen,
Die hier beutelüstern haust.

Auf einmal lauscht man Worten,
Ganz normalen Worten –
Daß man jäh erbleicht:
Als drohe Blut und Morden,
Brandschatzung von Horden,
Die kein Zuruf mehr erreicht.

Und plötzlich sieht man Gesten,
Ganz normale Gesten –
Daß man scheu sich duckt:
Wie Tanz auf Opferfesten,
Wild, mit Opfer*resten*,
Herzfleisch, das noch dampfend zuckt.

Und plötzlich die Gesichter,
Allerwelts-Gesichter –
Und man denkt: Nur fort!
Auf ihnen flackern Lichter:
Höllenglut – kein Dichter
Bannte das noch in ein Wort.

Interview

... aber wenn Sie bedenken
Wie viele hierzulande
Natürlichen Todes sterben –
Eine Lawine die
Durch die Tage rauscht ...

Wie recht er hatte
Und ich erschrak bis ins Mark:
Oh Menschenleben ...

Er saß bequem
Am Schreibtisch und lächelte.

Apotropeion

Wie geht es zu? Nein, will's nicht wissen – wie
Beginnt es ...? Nein, denn wenn ich das erführe,
Wär's auch in mir schon, was in Schindertiere
So viele innen furchtbar wandelt, die

Von Qual und Tod sich nähren dann und nie
Sich sättigen. Woher nur ...? Still – und schüre
Doch stets den Drang, daß ich's erfahr, was ihre
Verwandlung ist – und *weiß*: auch mir droht sie.

Was schützt und hilft, das von noch tiefer innen,
Mit größrer Kraft, mich ganz erfüllt und nichts
Was lebenstödlich, Zugang läßt gewinnen,

Und läßt, erfüllend so, auch voller Weite
Mich sein, daß nicht, geballten Seinsgewichts,
Der Fülle Übermaß mich überschreite ...?

Abkehr und Einkehr

Schau ich hinaus und sehe die Menschen,
Suche ich Schönheit umsonst oft. Und sind
Manche der Larven auch schön – wer weiß denn,
Was darunter sich regt, ob's ihnen gleicht?

Fressende Raupe, *sie* wird zum Falter.
Was wird aus lieblichsten Kindern? Und was
Hindert, daß freundlichstes Lächeln zubeißt?
Lebt der Mensch doch, wie's scheint, von Menschenfleisch.

Das ist zu sehn. Und finde ich sonst nichts,
Schließ ich die Augen, verschließe die Welt.
Aber: was bleibt noch? Ein öder Abgrund
Wird erst recht nun das Leben. Was denn fehlt?

Schlimm ist der Greuel Anblick. Doch schlimmer:
Nie mehr die Sonne zu schauen. Und sie,
Sie macht lebendig die Welt. Und *die* ist,
Türmt sich's mächtig auch auf der Schädelstatt,

Mehr noch als dies – und ist auch Wiese,
Kornfeld und Himmel, ist Atem des Jahrs,
Mondlicht und Sterne, ist Flug der Vögel,
Wälder, Blumen und ist: voll Schönheit dort.

Aber der Mensch hier. Scheint er nicht fremd oft?
Dennoch gehn Spuren zu *ihm* auch von dort.
Hat also Anteil an Wald und Himmel.
Selten weiß er's. Drum suche ihn: und sag's.

Beschwörung

Muse, liebe Muse,
Komm und sei doch wieder
Bei mir Gast:
Sag mir, daß du neue Lieder
Bei dir hast.

Worte Rhythmen Silben Klänge,
Um all das Absurde, das Abstruse
Unsrer ganzen Alltagswelt,
Das so klein so fein, wie Milbenfänge,
Doch in Wahrheit so monströs
Uns in seinen Klauen hält
Und uns beugt und biegt allmächtig,
Daß die Schmerzen und die Plagen
Überzeugt wir – ach: andächtig –
Das normale Leben heißen
Und, die dieses Herzzerreißen,
Diese Seelenmartern nicht ertragen,
Unnütz, schwach und ruinös –

Sag mir, Muse, daß *da*gegen
Du mir neue Lieder bringst
Und das Ticken dieses Alptraums Uhren,
Das bei Tag nur spricht von: Nacht, Lemuren,
Mit mir niedersingst ...

Dem was leben will zum Segen.

In studi jubilo

(nach vergeblichem Bibliotheksgang)

Fleißig hatt ich wollen sein –
Und bekam nicht, was ich brauchte.
Dennoch blieb mein Groll sehr klein
Ob der Hemmnis, oh, mich schlauchte
Gar nicht, daß mir nichts zu tun
Heut mit Büchern war gegeben.
Also, sprach ich, laßt uns nun
Nach des Frühlings Licht und Leben
Streben und statt Wissenschaft
Andres andrerweise treiben,
Das wohl auch ein Wissen schafft –
Nicht durch Lesen, nicht durch Schreiben.

Sei den Augen erst gegonnt,
Sich an Blumen zu erfrischen,
Statt versonnen hell besonnt
Auf die herzverführerischen,
Die nicht still auf Stengeln stehn,
Sondern gehn auf schlanken Beinen,
Ganz besonders hinzusehn.
Wie an ihnen sich vereinen
Form, die sichtbar, und ihr Sinn,
Augenlustig zu erkennen:
Dies sei dieses Spiels Gewinn,
Das wir auch ein Forschen nennen.

Zweitens sei der Nase Glück
Nicht vergessen: Fern dem Staube
Des Gebüchers, dem Gebück
Dort hinein, soll sie zum Glaube,
In der Nasen Paradies
Eingekehrt zu sein, bekehrt sein.
Was bisher ein Traum ihr hieß,
Soll ihr tausendfach gelehrt sein,
Und der Wandelblumen Duft
Mische ihr sich zu Parfümen,
Draus die Lust der Liebe ruft,
Und sie lerne riechend rühmen.

Soll den Ohren ebenso
Rettung kommen aus Bedrängnis,
Daß sie ihres Hörens froh
In entzückter Klang-Empfängnis
Wieder seien: Statt Papier,
Das nur raschelt, anstatt Niesen,
Räuspern, Husten soll nun hier
Auf des Frühlings Blumenwiesen
Sie verführen, süß betört,
Gunst-Gesang der Blütenelfen –
Und es wird, was sie gehört,
Auch dem Mund zu singen helfen.

Ja, sei auch erlöst der Mund –
Schweigsam und problemverkniffen
Wird er bald schon sonst vom Schwund
Frühen Greisentums ergriffen.
Rot und schwellend aufzublühn,
Suche er die Honigmünder,
Ihren Nektar fröhlich-kühn
Einzusaugen: Und gesünder,
Als er jemals vorher war,
Wird er prangen als der Gärten
Pracht und Zier und selber gar
Dieser Heilkunst Künstler werden.

Schließlich, aber nicht zuletzt,
Sei dann euch, ihr armen Finger,
Fühlbar andres vorgesetzt
Als die harten Schreibe-Dinger,
Als die Blätter, spröd und platt.
Sollt an füllig weicher Hülle
Lernen bis ihr selig-matt,
Wie des Lebens Formenfülle
In nur einer Grundform schon
Überreichen Reichtum spendet,
Und sei eures Eifers Lohn,
Daß der Lernstoff niemals endet.

Erscheinungen

I

War so hübsch, zog schnell vorüber –
Schneller flog vorbei *ihr* Blick.
Plötzlich heller, plötzlich trüber
War der Tag – ich blieb zurück.

War, mir fremd, im Nu verschwunden –
Ohne Ruh doch fragt mich's, wo
Jetzt ich wohne, ungebunden
Wie zuvor – und nicht mehr froh.

II

Wieder einmal sah zu dunkler Stunde
Müde von Lokal ich zu Lokal,
Glücklos, wie es schien, zur eignen Qual,
Alten Zeitungsboten drehn die Runde.

Und erschreckend mußte ich's gewahren,
Als ich forschend hinsah: Wie so sehr
Ihn das Alter ausgeschürft, seit er
Erstmals mir begegnet war vor Jahren.

Linien des Lebens

Die schwenken ihre Überzeugungs-Fahnen
Und wissen – auf den Lippen forsch ein Lied –
Genau wohin und sind, wohin sie's zieht,
Allzeit entschlossen, sich den Weg zu bahnen.

Der stolpert durchs Gestrüpp der *un*getanen
Taten und wundert sich, wie ihm geschieht.
Und singt er, dann aus Angst, denn er erriet
Noch kaum, wozu ihn dunkle Zeichen mahnen.

Sie sammeln von Etappe zu Etappe,
Auf jede Weise siegend, sich Meriten,
Schon längst gewiß des letzten Ziels Gewinn.

Für *ihn* entpuppte sich nur als Attrappe
Ein jeder Sieg, und *selbst* noch unentschieden,
Steht er bei allem stets erst am Beginn.

Sehnsucht

Ein Glück, ein Glück, so
Erzittert mein Ruf, es pocht
Mein Herz – ach, pocht nicht
Mich zu besuchen ein Gast?
Tritt ein, die Tür ist offen ...

Einkehr

Offen ist die Tür und dir bereitet
Ist ein Platz: Tritt offnen Herzens ein.
Hier als Gast sei aller Zwänge dein
Weg, solange du verweilst, entkleidet.

Schwand dir auch auf ihm, oft fehlgeleitet,
Viel an Kraft, hier soll dir Stärkung sein;
Und ein Kissen sei für jeden Stein,
Der dich stolpern machte, hingebreitet.

Laß, was dich bezweifelt, und vertrau's
Still uns an – und ruft aus unsrer Pflege
Dich die fremde Ferne neu hinaus:

Zögre nicht den Schritt und überlege
Nicht, was sein wird: Wisse, unser Haus
Wird dir immer offenstehn am Wege.

Rausch

Einen Cocktail zur Erfrischung?
Hier, den Worldstreet-boom-and-crash.
Bonbonfarben bunte Mischung,
Hochprozentig, like a flash.

Ingredienzien, aufgesammelt
Aus dem Leben, polyglott:
Leben wie es schreit und stammelt,
Twist 'n shake im Mixerpott.

Karitas und Egoismus,
Intro- extro- pervertiert,
Toleranzen Dogmatismus,
Irrsinn sichtbar und kaschiert.

Syllogismen Alogieen,
Akademik Schweinetrog,
HaudenLukas Schachpartieen,
Opposé et réciproque,

Cortexblähung Weltgeschichte,
Buddha mixed mit Dschingis-Khan,
Hochzeitsglocken Blutgerichte,
Mensch eroto- pyroman,

Janus Orpheus die Mänaden,
Segni della verità,
Shiva-Spiel der Weltscharaden,
Lazarus Hiroshima ...

Merveilleuse Cocktailmischung,
Aqua vitae konzentriert:
Raumbefreiung Grenzverwischung,
Antipoden fusioniert.

Zum Kristall zusammenballen –
Trinke!, wieder viel zu schnell
Ist die Wirkung hin, zerfallen
Alles – Welt nur noch partiell.

Am Haken

Warf ich, Glück mir zu fischen, die Angel –
Böse schnappte nach ihr Begier und riß
Mich in den Strom: hing *ich* an der Angel,
Zog mit sich fort mich, nicht mehr bestand ich,

Was aus Beute ward schrecklich verändert
Mir der Fänger. Und wenn nach langem – denn
Daß ich's mir fest zu Willen noch hätte,
Darin verharrt ich oft noch im Sinken –

Wenn am Ende ich losließ die Rute,
Jetzt erkennend (doch meist in Wahrheit nur,
Weil mich die Kraft verlassen) – wie schwer war's,
Wieder an festes Land aus den Fluten

Zu entkommen. Und strandend dann immer
Ohne Atem, dem Wurf zu großem Fang
Meereweit fern, mit leeresten Händen,
Ahnungsvoll nur, wie Untergang nah war.

Dann, aus Ohnmacht erwachend, am Ufer:
Alles still nun. Des Stromes Fließen sehn.
Fließen ihn lassen. Still sein. Wie wohl tat's:
Fließen des Stroms – als stehe es still nun.

Aber schwer auch, die Stille zu halten:
Da – ein Blinken der Wellen, plötzlich nimmt
Das mir den Blick gefangen, verführend:
Was da so unaufhaltsam vorbeiströmt,

Birgt es Glück mir – o wenn ich's versäumte ...
Und es steigt mir in Herz und Sinn der Strom,
Packt sie und unterspült mich – und werfe,
Wieder, das Glück zu fischen, die Angel ...

Gartentraum

Wespen, im Spätnachmittagslicht,
Schwärmen auf Raub aus. Sanfter begleitet
Von Bienen, Goldanklang
Um die Stille der Blüten.

Hundertfältig das Grün des Gartens,
Und eins doch. Reglos im Netz,
Ohne zu warten die Spinne lauert;
Drüberhin ein Funkeln und Summen.

Daneben, dem schwer die Stirn zerbricht,
Sitzt, im eigenen Netzwerk, ein Mensch.
Blätter rieseln im Windhauch. Er schaut.
Sieht den Garten. Und trauert.

Erlebnis

Im Wald war's, auf einer Wiese. Sie lag
Von Bäumen dicht, als schützender Hecke,
Umfriedet und verborgen den Blicken
Vom Weg her; ein Pfad nur führte zu ihr.

Dort saß ich, auf einem Hochsitz, am Rand
Der Lichtung, still, in luftigem Schatten,
In milden Windhauchs Atem, es sangen
Die Vögel; so saß ich, wartend auf nichts.

Im Sonnglanz die Wiese, noch heller vor
Tief grüner Wand von Fichten und Tannen,
Der Sonne Abbild, irdisch gestaltet:
So sah ich's vor mir. Und horchte auf – was?

Geräusch nicht vom Wind, nicht Vogelsang,
Kein Laut auch war es menschlicher Stimme,
Schien kaum erst hörbar, narrte mein Ohr mich?,
Verwehte und kam – dann nahm ich es wahr:

Wie fernher ein helles Glockengeläut,
Verschmolzen eine Vielzahl von Tönen
Zu beinah einem – deutlicher hört ich's
Allmählich, was war es? Glockenklang – nein.

Woher auch. Und tönte anders auch, war
Voll innerem Vibrieren, ein Summen
Wie Helles tanzend wechselnd mit Hellrem:
So, hörbar geworden, klänge wohl – Licht.

Doch war es das Licht nicht selber, das sang.
Es tönte, jetzt erkannt ich's, vom Schwirren
Geflügelter Insekten in Schwingung
Verwandelt, die Luft. Und sah sie nun auch,

Die tanzenden Schwärme, wurden nur mehr
Wohin ich blickte; blitzende Funken
Im Sonnenlicht, aufleuchtende Spuren
Durchzogen die Luft, vom Grund bis hinauf

Ins Blaue, und Sirren flirrenden Schlags
Von jedem Tier gab Antwort dem Tönen
Der andern: Alles dieses verband sich
Zum Klang wie von Glocken, hell, wie von Licht.

Vision

Manchmal stehn im Raum die Dinge
Alle plötzlich klar und rein,
Strömte allem Schönheit ein:
Alles glänzt, auch das Geringe.

Nirgends lauert eine Schlinge:
Traumhaft sicher geht der Schritt
Durch den Raum und mit ihm mit
Geht auch Einsicht in die Dinge.

Manchmal ... Aber meist in schiefen
Winkeln alles scheint zerstückt,
Weiß in dunkle Perspektiven

Unser Sinn nicht vorzudringen:
Und wir glauben – ferngerückt
Dem was wahr – nun *diesen* Dingen.

Rosen des Glücks

Ein Glück, o eine Rosenstunde,
Mit tiefem Duft ... Kann's niemals sich
Gewähren ohne Dornenstich?,
Der anders tief, ins Moribunde

Ein Fühlen treibt ... Nur aus der Wunde
Ziehn solche Rosen Kraft und Rot:
Den Blüten ist der Dorn Gebot,
Daß dann im Duft ein Glück sich runde.

Die Blüten auch: Die vollste Rose,
Vollkommnes Glück. Doch wirr verstellt
Die Mitte tief in Blätterschichten.

Und taucht sie vor, neigt auswärts lose
Ihr Blütenraum sich – bis er fällt.
Und leer muß sie sich nun vernichten ...

Positiv

Andern geht es noch viel schlechter.
Ja, dir geht es gut.
Könnte alles schlimmer kommen.
Geht dir wirklich gut.

Immer ist ein halbgeleertes
Glas auch noch halbvoll.
Die Beschränkung zeigt den Meister.
Hör: dir geht es gut.

Wer noch lebt, darf auch noch hoffen.
Wie es kommt, so kommt's.
Mancher hätte *solche* Sorgen
Gerne. – Dir geht's gut.

Ist nicht aller Tage Abend.
Alles geht vorbei.
Später war's vielleicht von Nutzen.
Ach, dir geht es gut.

Jedes Ende birgt auch Anfang.
Gut geht's dir. Und Schmied
Seines Glücks ist jeder selber.
Dir geht's ja so gut.

Wartet Glück an allen Wegen.
Immer bleibt ein Weg.
Niederlagen schenke *wahre*
Kraft erst. – Dir geht's gut.

Gut, oh gut geht's dir. Das Leben
Wurde uns geschenkt.
Danken wir, indem wir's preisen:
Alles ist so schön, so gut.

Amok

Tage sind, da hat Kanten die Luft; ist
Freiester Raum voll von Geröll; da bricht
Härtester Boden bei jedem Schritt; hüllt
Offensichtliches sich in ein Tarnnetz.

Was stets leicht zu tun, was nach bekannten
Regeln stets lief, stockt wie erstarrt und schlägt
Haken auf einmal, tut fremd und furchtsam,
Scheues Tier aus den Wäldern, und weicht vor

Dir zurück. Und zieht, weil du, erzürnt, es
Einfangen willst, stolpernd dich hinterher,
Zwischen die Bäume dich zieht's, und wendet
Aufgerissener Augen sich um, ob

Du noch folgst, und flieht, weil du jetzt fiebrig
Drängend es jagst, tief in den Wald ... Und dann,
Plötzlich, wo ist es? Ringsum im Dunkel
Aufblitzt Drohung wie lauernde Augen.

Herz schlägt wild. Wohin? Schwer aber ist es,
Rückwärts zu gehen. Kamst ihm so nah, das hier
Vielfach zu Haus ist, dich einkreist, selbst zu
Dir jetzt hindrängt, vor Gier schon wie rasend ...

Spaziergang

Geh aus, mein Herz, such ein Gedicht.
Es muß nichts Großes sein.
Such Worte bloß, banal und schlicht,
Die laß in dich hinein.

Dort an dem Baum die Kolonie
Von Glockenblumen rings im Kreis.
Und meinst du nun, du hörtest sie,
Stehn sie nur da und schwanken leis.

Im Schattenwald das Sonngefleck,
Im Dunkel wie ein Goldgeschmeid.
Wie du's auch sehn magst, ohne Zweck
Mischt hier sich Licht und Dunkelheit.

An einem Stamm klopft Vogel Specht,
Von einem andern Antwort hallt.
Und Antwort paßt so recht wie schlecht
Wie jeden andren Worts Gestalt.

Nach einem Regen tropft es aus
Den Bäumen nieder hier und dort,
Es klingt wie Liedern ein Applaus,
Wo keiner ist als nur im Wort.

Der Ort wo durch die Bäume blinkt
Der See, der Wald wie schwebend steht.
Was siehst du? Was du siehst, gelingt
Erst wenn es dir ins Wort eingeht.

Der leichte Nebel auf dem See,
Sag: er sieht Elfenschleiern gleich.
Und jemand naht – sag: eine Fee.
Dein Sagen schafft ein eignes Reich.

Aufbruch in die neue Welt

Auf auf, laß uns zur Reise rüsten:
Zu packen ist nicht viel,
Der Weg ist frei weil ohne Ziel,
Und nichts, das wir vermissen müßten,

Bleibt hier – nach unberührten Küsten:
Spürst du, nach unverstelltem Land,
Dem Dasein stets aus zweiter Hand
Entrückt zu sein, nicht auch Gelüsten?

Wer weiß, ob wir es je entdecken:
Der Weg zum Hafen schon und Schiff
Ist ungewiß, und kein Begriff

Der Seefahrt wär vertraut ... – Es kann
Vielleicht indes der Aufbruch dann
Noch *hier* geheime Wunder wecken.

Talisman

für Reisen aller Art

Winken ferne Traumgestalten.
Sind's nur über Sehnsuchtsland
Wünsche in die Luft gespiegelt,
Nahe nicht mehr von Bestand?

Oder hat ein Schicksalswalten
Die Erfüllung dort besiegelt,
Jeder Schritt auf dieser Route
Wär dem Glück schon einverleibt?

Rauschen, ruhelos im Blute.
Droht Verschlingen von Schimären,
Will Gelingen Licht gebären?
Weiß nicht. Weiß nur, wie es treibt.

Traumgestalten, mag ihr Grüßen
Wahr sein oder nur ein Spuk –
Doch ein Feiern oder Büßen
Formt amorphen Strom zum Krug.

Abenteurer

Dunkle Länder hast du befahren: Sag,
Was nun bringst du nach Haus, und was geschah
Dir auf der Reise? Bleibst du für immer?
Fährst du, weil noch Ferneres zieht, aufs neu? –

Masken bring ich, Fetische, Waffen, Gift
Und lebendiges Schleich- und Raubgetier.
Bring das Gesicht auch, das mich erschreckte,
Weil's im Bann von allem, was schreckt, ich sah. –

Wie gebannt, so stehen auch wir: Wo sind
All die Käfige, Kisten? Ist es so
Wenig nur – o erschrick uns nicht *da*mit –
Daß dir reicht für alles die hohle Hand? –

Mehr als gut ist, bringe ich mit. Und das,
Was ich suchte, geschah mir – wußt ich
Vorher oft nicht auch, *daß* ich's gesucht; und
Hätt ich oft auch lieber, was dort sich fand,

Nie gefunden. Bliebe drum gern ich. Doch
Ist das Fernste so nah, und falltürgleich
Kann es entführen: Wo noch gerade,
Schon das Ziel versprechend, ein festester

Grund war, ist der Abgrund. Und wer entkam,
Muß gewahr der Gefahr sein: Rückkunft ist
Weit noch von Heimkehr ... Aber schaut an jetzt,
Was ich brachte, seht ihr denn – *mich* hier nicht?

Heimweh

Abendlichtfenster:
Nichts das heimatlicher wär
Und auch fremder nichts.

Zürich – Niederdorfstraße

Barnachtstraße, grelle Schlange
Gift aus spitzen Zähnen gießt,
Daß in wahnenthemmtem Drange
Schäumende Vergnügung fließt.

Überschäumend, all die Fremden
Ziehn in ihrer Räusche Schlepp
Durch den zahllos durchgekämmten
Dauerfilz aus Suff und Nepp.

Alle Nächte, Stadttouristen
Gieren süchtig nach dem Gift,
Bis zuletzt, wie Morphinisten,
Bittere Verödung trifft.

Endlich aber gehn die Schleusen
Gnädig zu, versiegt die Flut.
Schnappt auch mancher wie in Reusen –
Alles andre ruht.

Dann der Morgen. Trotz des raschen
Schlafs wirkt alles frisch frisiert.
Durch die Straße, fern der Flaschen,
Mutter gar mit Kind spaziert.

Vormittäglich. Mittags sinken
Schon die Zeiger nachtwärts, schrillt
Neu der Wecker. Wieder blinken
Schlangenzähne. Giftstrom quillt.

In einer alten Stadt

Gang durch winklige Gassen,
Orientierung fällt schwer:
Niemals ganz zu fassen
Ihr Wohin und Woher.

Abendlich Glocken läuten,
Schwankend die Töne wehn:
Niemals ganz zu deuten
Wo sie entstehn.

Schwankend nach oben nach unten,
Schwankend mal leiser mal laut,
Schwankend wie gewunden
All die Wege gebaut ...

Dann in einer der Gassen
Brechung der Töne und Zahl
Sich zusammenfassen,
Einig, ein Choral.

Fern von hinter den Häusern,
Dennoch er alles durchklingt,
Wie als Glanz des Äußern
Sonne nach innen dringt.

Schwingend singendes Dröhnen,
Tönender Gong der rollt,
Singender Strom, ein Tönen
Als ein Grund von Gold ...

Wurmlinger Kapelle

Dem hellen Himmel zugekehrt,
Fernhin zu sehn auf steilem Kegel,
Den Busch und Baum und Wein bekränzt,
Und wie in blauem See ein Segel,
So schwebend unbeschwert,
Dem Wandrer die Kapelle glänzt.

Von oben weiter Blick ins Land,
Auf Felder, Wiesen, Wald und Hügel
Und Orte, um daheim zu sein.
Und südwärts fängt die Augenflügel
Das blaue Stufenband
Der Alb – und flößt ein Fernweh ein.

Und um den stillen, schlichten Bau
Der Hof, umhegt von niedrer Mauer,
Erscheint wie ein verschwenderisch
Mit Luft und Licht und ohne Trauer
Mit Gräbern, die dem Blau
Des Himmels nah, gedeckter Tisch.

Wiedereinkehr

(Dem Wirtshaus bei der Wurmlinger Kapelle)

Grüßt des Nußbaums heitergrüner Schatten
Wieder, auf der schmalen Bretterbank
Nehmen Platz wir, hier bei Speis und Trank
Langerwünschte Rast uns zu gestatten.

Einfach ist das Mahl, wie's stets wir hatten.
Nach der Wanderung indes schmeckt nichts
Köstlicher. Und nah uns, voll des Lichts,
Duften Blumeninseln und -rabatten.

Bald ist aufgegessen. In die Krüge
Füllt aufs neue aber Most sein Gold,
Das so leicht macht, daß die Luft uns trüge:

Alles fügt sich, wie von uns gewollt;
Wer »genug« jetzt sagte, spräche Lüge –
Und die Sonne in den Abend rollt ...

Paris: impression du soir

Auf die Boulevards und Avenuen
Senkt sich Dämmerung herunter,
Samten wie ein Rotburgunder-
Wein verströmt sich das Nachmittagsglühn.

Die Trottoirs zur Nacht laternerblühn,
An den Häusern Reihen bunter
Fenster, Straßen weit hinunter
Autos Lichter weben. Das Bemühn

Eines klar gegrenzten Tages
Wandelt sich in tänzelnd-vages
Abendliches Bummeln – tendre heure.

Und die Menschen wehn vorüber ...
Dann, erleuchtet, sieht man über
Einer Straße vor sich: Sacre-Cœur.

Vita nuova

Viene la primavera.
E quando è qui cantiamo
Ch'è via il buio che era
Tanto lungo – è vero, siamo
Innamorati della luce
Che fiorisce e, senza paura
Dell' appassire, conduce
Fuor' alla fioritura:
Il nostro cuor.

Beginn einer Reise

Dort kam ich an zur Abendstunde,
Im andren Land. War fast noch kahl
Daheim gewesen, dort im Tal
Ging um schon sommerliche Kunde.

Die Stadt in weiter Bergesrunde –
Al sud il passo del cuor –
Und die Zypresse fand ich vor
Dort, windgepflanzt auf meinem Grunde ...

Die Fahrt, noch heimatliche Sphäre.
Erwünscht, wohin sie mich jetzt brachte.
Doch ferne noch, voll Konjunktiv,

Die Tage dort. Der Zug die Fähre
Durch langen Traum. Der dann erwachte –
Die Fremde mich beim Namen rief ...

Florenz

I

In der Stadt

Als versuchte er den Mauerring zu sprengen
All der Häuser, die erdrückend um
Ihn sich scharen, türmt sich starr und stumm
Hoch der Dom, und seine Wucht fällt in die engen

Straßen schwer zurück, durch die sich stinkend zwängen
Eingekeilte Autoströme und,
Alles wild zerwühlend, Stund um Stund
Sich die Menschenmassen überquellend drängen.

War einmal, da reimte lieblich sich auf deinen
Namen, hört ich ihn, der holde Lenz:
War, als wollten die zwei Worte sich vereinen.

Aber geh ich nun durch deine düstern Gassen,
Find ich keinen Frühling mehr, Florenz,
Und ich sehne mich danach, dich zu verlassen.

II

Im Giardino di Boboli

Dann fand ich diesen Ort noch: o wie fliegt
Von hier der Blick auf leichten Flügeln
Ins Tal hinaus zu blauen Hügeln,
Die sanft die Stadt umkränzen, und wie liegt

Sie selber hell und weit nun da und schmiegt
Sich um den Dom, der ohne Schwere,
Wie wenn ein weißes Schiff er wäre,
Sich in dem Wellenspiel der Dächer wiegt,

Mit roter Kuppelkrone, und am Fluß
Da glänzen spät im Sonnenlichte
Die Häuser auf in freier breiter Front ...

Und plötzlich bin auch ich so warm durchsonnt
Wie rings die Luft, daß der Geschichte
Des schönen Reims ich wieder glauben muß.

Siena: Il Campo

Vor dem großen Platz steh ich geblendet,
Staunend, wie der Raum jetzt aus dem Zwang
Schmaler Gassen ausbricht, die ihn lang
Eingemauert; wie er sich verschwendet

In das Licht fast ohne daß er endet ... –
Bis der Zaun der Häuser seinen Drang
Doch noch hält und seinen Überschwang
Wieder einwärts in die Gassen wendet.

Aber so, als hätt sich eingegossen,
Dem zum Trotz, dies Drängen in den Stein:
Steht der Turm dann da, hochaufgeschossen

In den Himmel, alles überragend,
Und, als wollt' er selber Licht dort sein,
Eine leuchtend weiße Spitze tragend.

Rom

I

Primo arrivo a Roma

O erste Ankunft hier am frühen Tage,
Nach kurzentschlossen unternommner Fahrt,
Und erstes Fühlen ihrer Gegenwart,
Da endlich sie aus dem Bereich der Sage

In meine Wirklichkeit einging und vage,
Erdachte Bilder festgefügt und wahr
Ins Leben rief, die ich nun tief und klar
Für immer unverlierbar in mir trage.

O erster Gang vor allem durch die hellen,
Gerade erst erwachten Straßen, die,
Durchflossen von den reinen Silberwellen

Des Morgenlichts, und in der Poesie
Sie zu entdecken, mir an allen Stellen
Voll Zauberklang erschienen sind wie nie.

II

Un' altra volta a Roma

Wünsche, die so lang gefangen saßen,
Ließ ich frei und ließ sie ziehn und reiste
Ihnen nach: Was oft geschah im Geiste,
Endlich wieder wahr. – Doch deine Straßen

Fand ich abgeschabt. Nur leere Phrasen
Noch das Loblied der Metamorphosen,
Deines Seins. Nur Lärm und eitle Posen,
Säulen Kitschs, mit schlammversunknen Basen,

Nichts mehr tragend. – War ich bloß verödet?
Glanz von früher? Hatte ich nur Plunder
Damals mir mit Selbstbetrug verlötet,

Der jetzt brach? War's Blendwerk bloß statt Wunder?
Oder Schwachsein, das so vieles tötet?:
Schönheit ist zu schwer, geht in uns unter ...

III

Roma banale

Sie aber will ich nicht vergessen:
Die Pizzeria-Kellnerin.
Nach Stunden Bummelns ohne Sinn
Kam ich am Abend her zum Essen.

Fand sonst ich nichts, an ihr gemessen
Gab jeder Tag genug Gewinn.
Und war beim raren Geld nichts drin
Für mich von den Gourmet-Finessen –

Crostini, Pizza nur – mir schmeckte
Das Essen schon, weil sie's servierte.
Noch mehr, als mein Erscheinen dann,

Beim zweiten Mal, dies Lächeln weckte.
Auch war mir's lieb, wenn sie kassierte,
Da war sie nah, und sah mich an.

IV

Erlösung

Die Straßen vibrieren motordurchbraust
Bei Tag und Nacht, von Rissen durchtrieben
Die Bauten werden zu Sand zerrieben;
Und alles nach Beute durchgierend haust

Ein Heer von Touristen: wirkt wie verlaust
Durchwimmelt die Stadt; Veduten schieben
Sich vor wie Scheiben, sie zu zersieben
Mit Schnappschüssen jeder legt an ... – Mir graust.

Wohin bloß im atemlosen Jagen?
Geh tief hinein, dort steht der Alte.
Und summt in sich der großen Stille Ton.

Was alles schrie, will stumm entsagen,
Was haltlos auf und ab nur prallte,
Das rundet sich in eins: im Pantheon.

V

ROMA

Noch immer springt mir das Herz im Auftakt;
Noch immer öffnet es sich, und wärmer
Noch immer strömt mir das Blut, und es drängt
Mit ihm mir alles zu ihr – so fühl ich's,

Wenn ich ihr Bild seh, wenn ihren Namen
Auch nur ich höre; und träume oft auch
Von ihr: auch jetzt, da ich anders sie kenn
Als nur im Zauber des ersten Tages.

Die Stadt, wie andre auch sie, thront nicht nur
Erhaben. Schäbig ist sie zu Teilen
Und schrill. Sind Tränen und Tode in ihr.
Und mittendrin die Gewöhnlichkeiten.

Das alles breitet sich dort – sie bleibt mir,
Wie früher, dennoch der Liebe wert und
Des Ziels der Wege und heißt mir zu Recht,
Wie einst, die Ewige Stadt auch heute.

Sie lebt. Aus all ihren Untergängen,
In Kampf und Ohnmacht, erstand sie immer,
Und nicht als Schatten nur. Da–Sein ertönt
Aus ihren Trümmern, und alles Alte,

Mit neuem Leben und Sinn erklingt's nun,
In vielen Stimmen, die, fern den Grenzen
Von hoch und nieder und zehrender Zeit,
Ein größrer Atem nach vorn hinaussingt.

Südlastig

Wieder fährst du nach Italien.
Oleander, Meer und Strand,
Sonne, Pinien – Traumbestand,
Klingend, swingend – Idealien.

Finden wirst du die Realien:
Lärm und Staub und Indolenz
Für das Schöne, Existenz
Gründend auf Improvisalien.

Rückkehr wirst du wünschen. Schwer
Lasten all die Südlichkeiten.
Süße Heimat!, wirst du sagen.

Bis die Danaidenplagen
Erosionenqual bereiten –
Und der Süden lockt noch mehr …

Oleander: nördlich eingekübelt

Gegrüßt seist du mir, Oleander, sehr
Erfreust du, Fremdling, Augen, Herz und Sinn:
Du kommst von jenseits weit woanders her,
Wohin mich's träumt – und wo ich niemals bin:

Die Blüten weiß und rot, azurnes Meer
Mit Wellenschaum und heller Segel Spiel,
Und Sonnenuntergang und der Transfer
Von Wein ins Blut und alles wär – am Ziel.

Indes, dein Immergrün blaßt gelblich leer,
Auch deine Blüten kränkeln so dahin ...
Und schwer in meines fällt mir *dein* Begehr:
Niemals zu sein, wo ich, voll Sehnsucht, bin.

Silberweide

I

Wer weiß, wie lange vor fremden Augen,
Wer weiß, wie lange so prachtvoll du schon
Dort stehst in dem Garten – ich aber weiß
Dich stehn wo du aufragst seit ich lebe.

Und seit ich erstmals dich ansah, bist du
Im Gang durch Jahr und Jahrzehnte, was sie
Auch brachten, mir Augenheimat. Du hast
Stets alles bestanden, Eis und Schneefall

Und Dürre, Sturm und Gewitter, Sintflut
Und Hagel – fremdester Art auch: Hagel
Von Bomben, der rings die Häuser zerriß
Einst, deren so alt wie du war keines.

Nur immer höher (wie hoch!) und immer
Nur weiter rings in die Breite griffen
Vom mächtigen, vom gedoppelten Stamm
Wie Bäume im Baum die starken Äste

Hinauf, hinaus, bis sich haargleich löst das
Gezweig, die Blätter gleich Fühlern weben
Im luftigen Raum, was wurzelt im Grund
Ätherischem Stoff sich anverwandelt.

Mir Augenheimat, die tief ins Herz reicht,
Auch winters grün noch bebuscht von Efeu –
Erinnrung der Rückkehr immer aufs neu
Wenn trunkener Quell fließt – während da auch

Wie immer Heimstatt du bist für alle
Die mit dir leben, geflügelt oder
Bepelzt oder beides, und noch so reich,
Was birgt sich in Holz und Rindenritzen.

Emporgetaucht du dem Licht verbunden
In tiefstem Einssein, und dunkel steigen
Die Säfte mit dem was Erde dir schenkt
Und Kraft und Gestalt dir gibt. Und *du* schenkst,

Was draus sich bildet im Hellen frühlings
Und sommers, nährend nun *sie*: in Herbsten
Dein Laub ihr ... So stehst du, wie du für mich
Schon immer dort stehst: als ein Verwandtes ...

Doch andre kennen dich nicht. Bist Auswuchs
Nur brachen Gartens für die und stehst nur
Im Weg dort, man plant zu bauen ein Haus:
Nicht Schneefall und Dürre nicht, kein Sturm und

Kein Hagel, fremdester Art auch, bräche
Zuletzt dich nieder. In Recht und Ordnung,
In Nutz und Gewinn, so ginge für dich
Und vielen mit dir die Welt dann unter ...

Noch diesen Frühling, noch diesen Sommer –
Und stellen wir dem ein Recht entgegen,
Wer weiß dann, ob nicht noch lang das Kalkül
Du durchstreichst, und stehst: als Baum des Lebens.

II

Noch einen Frühling, ach einen Sommer,
Das wünsche ich dir in diesen Tagen
Inmitten des Winters, da Boten Traum
Und Sehnsucht bringend von ihnen grüßen.

Wer weiß, ob's Zeichen ist von Bedeutung?
Und wenn so, dann welche? Oder gilt es
Für nichts als vom Wetter verursacht ein
Symptom, das ungerührt kommt wie schwindet?

Doch wenn es, wenn es denn doch bedeutsam:
Soll dir dann noch *ein*mal, ehe stählern
Und lärmend, durch menschliches Regelwerk
Dem *dein* Recht *nichts* gilt zuletzt, der Tod kommt –

Soll dir noch *ein*mal ein Abglanz werden
Vom Aufstieg des Jahres, daß des Winters
Erstarrung du nicht als das Ziel der Welt
Erfährst – und Leben erfühlst als größer:

Soll so ein Glückshauch dich trösten oder
Bedeutet's ein Zeichen, im Bedrohtsein,
Der Rettung, des Aufschubs zumindest, gilt
Für dich der Frühling der kommt und Sommer:

Noch *ein*mal wenigstens ganz von Fülle
Erfülltsein des Lebens, das du selbst bist
In dir und bewohnt dich, ein Weltenreich,
Das Erde in sich vereint und Himmel ...?

Und mit dem Herbste dann, wenn dein Laub fällt,
Das willig du hinschenkst Wind und Erde,
Bevor es noch Winter, da fällst auch du.
Ein Kreis wär's – –
                    aber, schon gilt's: da sind sie ...

III

Kommen die großen Winde, dann hören
Nicht mehr in hohen Ästen und Zweigen
Wir den Gesang, biegst nicht mehr im Tanz dich
Der, als du selbst erst groß, war höchster Rausch.

Kommen die großen Winde, dann dürfen
Ob du auch standhältst nicht mehr wir bangen –
Niedergesägt bis tief auf den Stumpf, bist
Auch eines großen Tods du noch beraubt.

IV

Wo denn warst du? Steht steinern, statt deiner,
Wohnstall für ein paar Menschen – von dir ist
Nichts mehr geblieben als ein paar Worte,
Hier geschrieben, Nachklang verlorner Welt.

Januskopf

Nichts vermissen – nichts bedürfen;
Nichts nur immer mehr begehren;
Und, den Abraum nicht zu mehren,
Nicht im Wunschwerk weiterschürfen.

Nie mehr soll die Sehnsucht gären,
Kurze Räusche nur zu schlürfen;
Soll nie mehr in Schleuderwürfen
Hoffnung niedergehn im Leeren. – –

Stets wird Leben Wunschbau treiben,
Und die Trauer um Verlornes
Wird stets Wein der Sehnsucht keltern.

Not wird voll Verlangen bleiben,
Hoffnungskerne Erdgebornes
Werfen nach des Himmels Feldern.

Jahres-Anfang

Das neue Jahr dehnt seiner Tage Schwingen.
Seltsam: Vom müde hingesunknen alten
Sehn wir es leicht, von keiner Last gehalten,
Zum Fluge wie von einem Gipfel springen.

Als würde es für uns allein entfalten
Die Flügel, um uns hoch und weit zu bringen,
Vertrauen wir aufs neue auf Gelingen –
Obgleich stets wenig unsre Wünsche galten.

Bald spüren wir (wir wissen's), daß uns Fliegen
Versagt ist und uns wunde Füße tragen –
Nur Tag und Stunde schnellen Flugs entweichen.

Am Ende sind wir unsern Himmelreichen
Wie immer fern ... Des Jahres ersten Tagen
Bleibt dennoch stets ein Schimmer wie von Siegen.

Erklärung

Was kann ich Positives hier erzählen?
Ein Liebesstück etwa mit Happy-End;
Ein ganzes Leben, woran man erkennt,
Daß Menschen nicht gern sich und andre quälen;

Ein Weltentwurf, bei dem die Tränen fehlen,
Wenn sonst in Wirklichkeit der Plan verbrennt;
Ein Weltlauf, wo ums Leben niemand rennt,
Weil Gier und Angst des Menschen Menschsein pfählen ...?

Was tun? Ich schreib von dir – denn du bist *Eine*:
Ein Wesen, das im Vielen nicht versinkt.
Die Menge wogt, im Einzelnen gelingt

Der Mensch als Mensch und findet seine
Bestimmung als das Herz der Welt – vielleicht ...
Und da bist du: und viel ist schon erreicht.

Ruderbootsfahrt

Der Lichtertanz des Wassers flirrt
Um dich hier auf dem Fluß im Boot.
Noch immer werde ich verwirrt
Von dir und leide süße Not.

Das Boot mit uns schwankt immerzu
Im Gang der Wellen hin und her.
Ich schwanke – fragend, ob auch du ... –
Hin zwischen sehr verliebt und mehr.

Und sitze auf der Ruderbank,
Zurück neig vor mich – du ganz nah.
Und reich nicht hin und bin ganz krank –
Nein, so gesund: denn du bist da.

Aus Zeiten und Zonen

Woher bist du gekommen?
Ich weiß die Stadt, das Land.
Der Weg den du genommen –
Ein Atlas ist zur Hand.

Du kamst hierher durch Jahre,
Ich weiß, wie viel' es sind.
Und weiß, das Wunderbare
Mit dieser Zahl beginnt:

Du kamst seit du geboren,
Ich wartete hier schon,
Kam niemals auch zu Ohren
Von dir zu mir ein Ton.

Regiert ein Plan das Leben?
Und wenn's in Not versinkt ...?
Hier hat es sich begeben
Daß allem *telos* winkt.

Du kamst durch all die Jahre
Zu mir und bist nun da;
Du Liebste, Wunderbare,
Du Glück das mir geschah.

Und immer werd ich singen
Von dir mein Liebeslied,
Mag Zeit auch Trennung bringen –
Du Glück das mir geschieht ...

Here comes the sun ...

Aus dem Osten kommt das Licht.
Kommt von Osten her auch meins.
Augen hat es, ein Gesicht,
Mund und Stimme – alles deins.

Liebreiz hat es, Wohlgestalt,
Freudvoll meinen Tag bescheint's.
Was es hat und ist –: Asphalt
Würd erblühen – alles deins.

Kommt mein Licht von Osten her,
Bringt Erfüllung, bringt Begehr
Und mit allem bringt es eins:

Nimmer ist das Leben nichts,
Immer kommt im Glanz des Lichts
Glück mit allem – alles deins ...

An die Entfernte

Der Himmel blau, so licht und klar –
Die Liebste fern wie Sansibar.
Der Himmel licht und frühlingsblau –
Die Liebste ferner als Tsingtau.
So fern wie Asien, Afrika –
Ist sie im Herzen auch mir nah,
Ist nah, doch nicht von Angesicht,
Kann sie nicht sehn, die Stimme spricht
Mir nicht ins Ohr, und Hand und Mund
Kann ich nicht spüren, nicht das Rund
Von Arm und Schulter, Hüfte, Brust,
Nicht ihre weiche feuchte Lust,
Nicht Hals und Wange streichelt mir
Ihr Atemhauch – zu lange schier
Fehlt sie mir schon mit Haut und Haar,
Weil heut ich noch nicht bei ihr war ...

Strohwitwer

Ohne dich muß ich zu Bett,
Die Matratze wie ein Brett,
Decke, Kissen hart wie Stein,
So viel Platz – fühl mich allein.

Ohne dich das Bett so groß,
Fühl mich orientierungslos
Ausgesetzt – so leer und weit,
Wüstenei der Einsamkeit.

Ohne-Dich-Bett-Wüstenei,
Wüstenträume, träum', ich sei
In Oasen-Quellrevier,
Traumort kann nur sein bei dir.

Wüstenzonen-Traumorttraum,
Ohne Wasser welkt der Baum,
Fehlst den Augen, Herz und Hand,
Nur, wo du, ist Lebensland.

Ohne dich die letzte Nacht –
Und aus Stein und Staub erwacht
Glück, ein milder Regen fällt:
Du, die mich am Leben hält.

Gruß ans Meer

In dem Garten unter Palmen saß ich –
Nein, nicht Palmen, saß im »Palmschen Garten« nur.
Aber südlich aufgehellt genas ich,
Und der Himmel blaute wie das Meer –: Azur.

Durch die Bäume her erklangen Glocken.
Golden klangen sie – und ich sah ganz genau
Vor mir dich mit deinen schwarzen Locken,
Deine Augen, schöner als des Meeres Blau.

Wiederbegegnung

Mit Haut und Haar voll Sonnenglast,
So kommst du, Mittelmeer um dich,
Und die Gestalt ganz eingelöst
In Lebensfülle – oh, es flößt
Dein Anblick süßes Gift mir ein,
Ein Rauschgift, daß kein Serum ich
Begehren möchte – nein, mich k e i n
Wunsch treibt, als daß du mehr noch hast ...

»... du kennst mich ja.«

Ja, ich kenn dich –
Welch Glück dich zu kennen.
Und ich nenn dich –
Welch Glück dich zu nennen.
Wenn dich sehe –
Welch Glück dich zu sehen.
Schenkst du Nähe –
Welch Glücksgeschehen.

Du

Meine Allerliebste, schönste Schöne,
Löscht Gewohnheit oft das Lebensfeuer,
Brennt, je mehr ich mich an dich gewöhne,
Mir dein Lebenslicht nur immer neuer.

Nie mehr möchte ich, mein Herz, dich missen.
Hat es wirklich eine Zeit gegeben
Ohne dich? Dann möcht ich nie mehr wissen
Wie das ist. Mit dir ist schön das Leben.

»Pst«

Bist du – ?, fragte ich.
Lächelnd sprach es: Ja – hob den
Finger an den Mund.

Lebensfrage

Ameisen rennen
Rastlos die Wand hin. Katze
Putzt auf der Bank sich
Schnurrend in Schlaf. Dazwischen,
Wendend die Blicke, sitz ich.

Weihnachtsbeben

»Ich danke Gott«
hörte man ihn sagen
»daß meine Familie
lebend davongekommen ...«

Andre ließ die Springflut
als einzige übrig.
Wem danken *sie*?

Und Zig-Tausenden
Stellt sich keine Frage mehr ...

»Mach ein Fest«
Sang's einmal im Radio
»aus deinem Leben.«
Und zwar alle Tage.

Refrain, endlos wiederholt,
wie jetzt die Bilder
von aller Tage Ende.
»O du fröhliche ...«

Alles geht seinen Gang.

Lebenslauf

Der Frühling kam,
Es kam der Sommer
Und dann der Herbst,
Der Winter kam
Und dann ...

Der Morgen kam,
Der Mittag und der Abend,
Und dann die Nacht,
Und dann ...

Die Träume kamen,
Dann das Erwachen,
Und all die Träume kamen,
Und dann ...

Die Jahre kamen,
Und Jahr um Jahr begann,
Der Frühling kam,
Und Jahre schwanden,
Und dann ...

Der Frühling schwand, der Sommer,
Die Jahre und Jahrzehnte,
Der Herbst und Winter, und
Jahrzehnte um Jahrzehnte schwanden ...

Und dann ...

Pizalun

Auf Felsenkanzel steil emporgehoben
Über das breite Tal, und überstiegen
Von Gipfeln viel und dennoch weit weit oben
Dem Himmel zu, erwacht ein Traum vom Fliegen.

Dort unten tief die Ortschaften im Tale,
Und um sie Feld und Wein und Wälder, Wiesen,
An Hängen, sanft erst, wie in einer Schale.
Der Fluß im Grund scheint nicht zu fließen.

Ist alles still. Die Wagen auf den hellen,
So schmalen Straßen: Punkte ohne Regung.
Aus Blau und Lichtglanz weiße Wolken quellen.
Und wie es wär, wird drängende Erwägung.

Die beiden Hände fassen das Geländer.
Die Weite zieht, sich drüber hin zu schwingen,
Und ruft: Was war und ist und sein wird – änder
Dein Dasein jetzt ...! Wie sollt es *nicht* gelingen?

Und dann: ich bleib. Aus innersten Erschrecken
Tret ich zurück. Das Bild vor mir: das gleiche.
Ich aber flüchte davor, zu entdecken
Ob Ankunft wär in andrem Lebensreiche.
– –
Und fühl zugleich beschwert mich, da ich weiche ...

Schlaflied

Plötzlich das Erschrecken,
Nachts, kurz vor dem Schlaf:
Nichts mehr wird dich wecken,
Nichts, was dich betraf,
Wird noch sein – zumindest
Nichts wie du es kennst.
Du, dies denkend, schwindest
Einst wie ein Gespenst.

Nichts kann Schutz gewähren,
Nichts hilft Byte noch Gen,
Mags langhin sich jähren,
Nichts wird überstehn.

Ist ein altes Wissen,
Das du immer hast –
Doch auf nächtigem Kissen
Plötzlich neu dich faßt.
Und es schenkt Vergessen
Davor nur der Schlaf,
Die Verwandlung dessen
Was dich je betraf ...

Traumstück

Für eine Art von Paß war aufzuschreiben
Mein Name, wollt' ich mit auf Reisen gehn.
Wie alle, nicht allein zurückzubleiben,
Trat ich heran und glaubt' es schnell geschehn.

Das Blatt war groß – doch viel zu groß, so lacht' ich:
Ein Name nur, und meinen wußte ich gut.
Auch, wie ihn schreiben – und ganz sorglos bracht' ich
Ihn aufs Papier ... – In wirrer Linienflut

Zerfuhr er mir. Was tat's, in der Erregung
Vor unsrer Reise, Wunsch sowohl wie Pflicht,
Sah ich den Grund. Und sorgsam der Bewegung
Nun achtend, fuhr ich fort – und wieder nicht

Fand ich die Spur, die Linien zu verknüpfen
Zum Namenszug. Und dann, zum dritten Mal,
Mit Trotz inzwischen und schon bangem Hüpfen
Des Herzen auch, versuchte ich's – fatal

Litt ich dieselbe Pein. Und zornig warf ich
Den Stift von mir und barg im Zorn nur schlecht
Die Angst und rief: Was soll die Tücke, darf ich
Nicht mit den andern gehn, ist's grad mir recht.

Da trat von den zur Reise längst Bereiten
Jemand heran und bat: So schreib – was ist,
Daß du der neuen Länder Herrlichkeiten
Und unsrer Unterweisung Ziel vergißt?

So schreib – willst vom Erlebnis du dich trennen,
Das uns vereint, und willst verloren gehn,
Weil niemand ist, die Namen dir zu nennen
Des langen Wegs? Schau dort die Wagen stehn.–

Da griff ich neu den Stift – doch wie vergessen
War jetzt mir, wie ich hieß, und klein, so klein
Ward Blatt und Frist. Und was ich schrieb besessen,
Blieb ohne Sinn. Die anderen stiegen ein.

Traumerlebnis

I

Und er begann mit den Händen zu tasten –
Mit plötzlichem Ruck war er erwacht,
Sah rings um sich her nur dunkelste Nacht –
Und fühlte nur Wände: In engem Kasten

Verschlossen, so lag er – und es erfaßten
Verzweiflung und Angst ihn, todgeweiht ...
Dann wirklich erwachend, fühlte befreit
Vorm Tag er entweichen des Traumes Lasten.

Und dachte, ganz still: Wir lieben, wir essen,
Verdaun und streiten und strampeln ... – indessen,
Der nächtige Traum: So leben wir ja.

Und das vor Augen, nur manchmal doch Klage.
Ist wie mit dem Tag am Ende der Tage
Für uns Befreiung und Helligkeit da ...?

II

Mitten aus der Liebe Glück und süßem Schmerz
Ward mein Liebstes mir vom Tod gerissen.
Ohne daß ein Glaube oder Wissen
Wehren konnte, traf die Schärfe seines Schwerts.

Voller Qual durchfuhr der Schlag mein eignes Herz.
Und ich klagte, wie mit großen Bissen
Alles er verschlingt – auch auf dem Kissen
Des Erinnerns träumen nichts wir lebenwärts.

Und schrak auf und lag mit tränennassen
Augen bang im Dunkeln – bis ich müde
Wieder einschlief, ob ich wollte oder nicht.

Neu erwacht, sah ich den Traum gelassen.
Und den Tag, der mich umfrühte,
Grüßte ich, vom Schlaf erfrischt, mit Zuversicht ...

85 – 2012

Vor fünfundachtzig Jahr' geboren –
ein Zeitraum, der nicht ganz geheuer ...
Das Fliegen über den Atlantik
galt damals noch als Abenteuer
für Ruhm und heldische Gebärde.
Längst änderte sich *die* Semantik,
ist heut ein Flug zu den Azoren
und nach New York und um die Erde
alltäglich wie im Park spazieren –
kann kaum ein Kind noch faszinieren.

Vor fünfundachtzig Jahr' geboren –
ein Zeitraum, der nicht ganz geheuer ...
Computer, heute so gewöhnlich
wie Bier und Butterbrot und deren
Funktionen quasi uns ernähren,
und schon im Cyberraum zu neuer
Seinsweise Leben transponieren,
sie waren so kaum auszudenken,
das erste Rad schien fast noch näher,
war je ein Zeitensprung noch jäher?

Vor fünfundachtzig Jahr' geboren –
ein Zeitraum, der nicht ganz geheuer ...
Europa – heute ohne Grenzen,
hält Frieden schon so lang das Steuer –
ging damals, kaum aus Krieg und Leiden
befreit, bald neu in Blut verloren.
Europa schien, wenngleich zwar schlimmer,
im Grunde wie zu allen Zeiten ...
Wie's dann der Freiheit ging entgegen,
schien damals fern von allen Wegen.

Vor fünfundachtzig Jahr' geboren,
ein Zeitraum, der nicht ganz geheuer.
Europa, das sich selbst gewonnen
und zu sich lief durch lange Jahre,
ein Fackellauf der Freudenfeuer,
droht nun Gefahr, dass ihm entschwindet,
was als das Einzige und Wahre
erreicht schien; was als Traum begonnen
und dann zu Wirklichkeit geronnen,
als existierte es schon immer.

Vor fünfundachtzig Jahr' geboren,
ein Zeitraum, der nicht ganz geheuer ...
Hier ist ein Mensch, der ihn durchschritten
und vollbepackt ist mit Geschichten,
die zeitschwer sich zu dem verdichten,
was die Geschichte heißt. Doch Daten
sind hier mit Leben aufgeladen,
von ferner Ferne bis ins Heute,
und was, zu leben, denn bedeute,
ergreift am Beispiel ungeheuer ...

Orpheischer Anklang

Sah Verse im Traum und kann's nicht nennen,
Was sie mir sangen – es las im Traum der
Geträumte sie wohl; doch dem sie geträumt,
Blieb wach nur ihr verschwimmendes Nachbild.

Gerade noch meint ich, klar zu sehen:
Die Schrift, wie atmend ein feines Muster;
Die Worte, in ausgeglichenem Maß
Gefügt zur schlanken Säule der Strophen.

Und glaubte, enttaucht schon halb dem Traume,
Mich sammelnd dürft ich noch *einmal*, um sie
Zu wahren dem Tag, sie lesen – doch war
Zu schläfrig *da*für, aber zu wach auch,

Um weiterzuträumen ... Und es ist mir,
Als war dem Wohllaut und Sinn der Worte
Die Schönheit des äußren Bildes vereint ...
Was stand dort, was verlor ich? War's Orpheus'

Heiltätige Liedkunst, die, was Klage-,
Was Wut- und Raubtiergeschrei, in Freude
Und Sanftmut hineinnimmt; aber, was starr
Und hart, in schmiegend weicher Bewegung

Macht folgen den Tönen, ganz in Klingen
Und Tanz es einlöst; aus tiefsten Höhlen
Ins Offne, aus Sandmeerwüsten ins Land
Voll Weines; Eins zum Anderen leitet ...

Sah Verse im Traum – war *hier* Versuchtem
Ihr Singen nah, und erklang schon immer
Mir innen ihr Lied und tönt es noch fort,
Mag's nur auch traumvergessen ich kennen?

Beschwörung

Wo deine und wo unsre Mühsal war,
Die oft verführte, ihr und uns zu fluchen,
Ist's nun auf einmal sonderbar
So frei und leer – so leer wie frei.

Von dir wird nie mehr uns ein Anruf suchen.
Ist endlich, aber so endgültig auch,
Wie's manchmal wir ersehnt und immer bang
Befürchtet hatten schon so lang –
Ist alles wie ein Schall und Rauch
So plötzlich doch und flüchtig:
                                        jetzt vorbei.

Von deinem Leid bist du erlöst,
So hoffen wir und wollen's glauben –
Ob dein Erlöstsein uns auch Schmerz einflößt.
Nach dir, die unausdenklich weit
Von dem was Menschenmaß kann fassen,
Sucht unser Fühlen, um nicht zuzulassen,
Daß diese Fernen die Erinnrung rauben
Uns Eingegrenzten hier in Raum und Zeit.

Und bergen wir im Herz des Herzensgrunds
Das Wehe auch – damit kein Abschied sei,
Der uns verstößt, weil wir den Weg nur frei
Nun sehn und nicht, daß *dein* Leid Teil von *uns*.
So aufgehoben in uns dein Beschwer,
Vermagst du im Erinnern zu genesen.
Und Weh vergeht. Die Stelle bleibt nicht leer:
Du kommst als die,

die du zutiefst gewesen.

Hamburg »Strandperle«

Abend sank herab; am Elbestrand
Saßen wir, wie einst mit dir, und tranken
Auf dein Wohl – *du*, fern im andern Land,
Uns erreichbar einzig in Gedanken.

Hin zum Hafen sah'n wir, der im Schein
All der Lampen lag, und Ausflugsboote
Kamen, lichtgirlandenhell, herein.
Immer aber trieb der Fluß ins Weite.

Trieb an uns vorüber ... Und an dich
Dachten wir und sah'n: Wie nun der rote,
Große Mond aufging, als höbe sich
Ferner Morgensonne Spiegelung.

Überm Hafen stand er, uns zur Seite,
Immer klarer in der Dämmerung.
Und wir wußten, du, ob's einst auch schneite
Uns aufs Haar, wärst anders nie als jung.

Und als wir bei Nacht vom Strande gingen
Brannten Lagerfeuer auf dem Strand,
Singen klang – und Lichterschein und Klingen
Reicht wie weit? Sind dir wir noch bekannt ...?

Bildbeschreibung

(zu M. C. Eschers »Belvedere«)

Wie konnte dieser Bau jemals gelingen?:
Unmögliches vereint die Perspektive.
Dem hinter Gittern ist's nicht beizubringen.
Der auf der Bank versucht es noch zu fassen,
Die andern steigen schon hinauf, als riefe
Der Wunsch die Möglichkeit und sie das Ziel.
So freie Aussicht bieten die Terrassen.
Und fehlt die Treppe, kommt dafür ins Spiel
Scheinbar unmöglich angestellte Leiter.
Und oben, träumt man sich vielleicht noch weiter …

Vorgänger

Sie gehn uns voraus.
Gehn sie aus dem Zimmer,
Gehn sie aus dem Haus,
Gehn sie, wie der Schimmer

Des Tags, um die Welt,
Zu andren Regionen,
Wo dann sie ihr Zelt
Aufschlagen zu wohnen?

Sind, scheinbar so weit,
Sie nah unsren Sphären –
Wenn wir nur bereit
Zur Wahrnehmung wären?

Was Menschsein und Sinn,
Wird's nur zu Atomen,
Was bleibt, bleibt nur in
Erinnrungsaromen?

Ob alles zerstiebt,
Ob irgend bestehen
Die hier man geliebt,
Auch uns wird's geschehen:

Sie gehn nur voraus
Die jetzt wir vermissen,
Aus Zimmer, Haus, aus – –
Bleibt dann uns ein Wissen

Vom frühren Bereich
Wenn neu wir beginnen?
Wenn nicht, wär's nicht gleich
Leblosem Zerrinnen?

Ob Schmerz oder Lust,
Ob Laschheit, ob Liebe,
Ob dumpf, ob bewußt –
Nur dunkles Geschiebe?

Voraus gehn auch wir –
In drehenden Tagen
Sind andere hier
Die nach uns dann fragen ...

I Ging, Heraklit,
Wird spätere Zeiten
Kein Wesen mehr mit
Solch Fragen begleiten

...?